BEI GRIN MACHT SICH IHR WISSEN BEZAHLT

AF149224

- Wir veröffentlichen Ihre Hausarbeit, Bachelor- und Masterarbeit

- Ihr eigenes eBook und Buch - weltweit in allen wichtigen Shops

- Verdienen Sie an jedem Verkauf

Jetzt bei www.GRIN.com hochladen und kostenlos publizieren

Lukas Kanngießer

Management von Softwareprojekten

Technische Konzeption einer Webseite und Aufwandschätzung

GRIN Verlag

Bibliografische Information der Deutschen Nationalbibliothek:

Die Deutsche Bibliothek verzeichnet diese Publikation in der Deutschen National-
bibliografie; detaillierte bibliografische Daten sind im Internet über http://dnb.d-
nb.de/ abrufbar.

Impressum:

Copyright © 2011 GRIN Verlag GmbH
Druck und Bindung: Books on Demand GmbH, Norderstedt Germany
ISBN: 978-3-640-88324-0

Dieses Buch bei GRIN:

http://www.grin.com/de/e-book/169812/management-von-softwareprojekten

GRIN - Your knowledge has value

Der GRIN Verlag publiziert seit 1998 wissenschaftliche Arbeiten von Studenten, Hochschullehrern und anderen Akademikern als eBook und gedrucktes Buch. Die Verlagswebsite www.grin.com ist die ideale Plattform zur Veröffentlichung von Hausarbeiten, Abschlussarbeiten, wissenschaftlichen Aufsätzen, Dissertationen und Fachbüchern.

Besuchen Sie uns im Internet:

http://www.grin.com/

http://www.facebook.com/grincom

http://www.twitter.com/grin_com

Management von Softwareprojekten

Hausarbeit WS 2010/11

Lukas Kanngießer

Medieninformatik Bachelor

Projektmanagement in Softwareprojekten

Die Fragen beziehen sich auf die in der Vorlesung angesprochene Bibliothek des Grafen von Schnotz.

Die Rahmenbedingungen zur Erinnerung:

•100.000 Bände aus dem 20. Jahrhundert

•Kein Band darf jemals das Gelände verlassen

•Der Graf ist extrem geizig

•Hardware ist vorhanden (mehrere topaktuelle Server, Internet-Anbindungen, Lizenzen für Betriebssysteme/Office-Pakete usw., einige PCs)

Ausgangslage: Der Graf besitzt 10 sehr seltene Bände aus dem Mittelalter. Er muss sie aus steuerlichen Gründen der Öffentlichkeit präsentieren (Stichwort: Gemeinnützigkeit), und entscheidet sich für eine Präsentation auf seiner Website.

AUFGABENSTELLUNG

1) Erstellen Sie für diese Website eine technische Konzeption. Gehen Sie auf die technische Umsetzung dieser Thematik ein - von der Digitalisierung der 10 Bände bis zur komfortablen und zeitgemäßen Darstellung im Web.

2) Erstellen Sie eine Aufwandsschätzung für die technische Umsetzung dieser Punkte.

3) Die Website des Grafen und sämtliche weitere interne Hard- und Software (Bibliotheksverwaltungs-Software, Personalabrechnungssoftware, Sicherheits-/ Überwachungssoftware, IP-Kameras, Drucker) soll im eigenen Netzwerk des Schlosses betrieben werden. Was ist dabei zu beachten? Wie könnte das umgesetzt werden?

2

Inhaltsverzeichnis

1. Technische Konzeption für die Digitalisierung und Präsentation der zehn Bücher

Digitalisierung

Bücher digitalisieren

Für das Digitalisieren der zehn Bücher kommt der Buchscanner „ScanRobot" der Firma Treventus zum Einsatz. Diese technische Lösung wurde ausgewählt, weil der ScanRobot auch für ältere Bücher (laut Hersteller um das 14. Jahrhundert – also vor dem Buchdruck) geeignet ist. Durch das spezielle Scanverfahren ist der Einsatz einer Glasplatte, wie bei den gebräuchlichen Buchscannern, zum Glätten der Buchseiten nicht mehr nötig – die Seiten werden per Luftzug angesaugt und per Luftstoß umgeblättert, dadurch sind Buch schonende und "absolut verzerrungsfreie Aufnahmen"[1] möglich.

Bei einer realen Projektplanung müsste man im natürlich noch abklären, ob sich der ScanRobot auch mieten lässt, da ja die Problematik auftritt, dass der Scanner nur während des Projektes benötigt wird und ein Kauf das Budget sprengen würde (Kaufpreis: 70.000€ , Stand 2007). Eine weitere Möglichkeit wäre zum Beispiel den ScanRobot nach Abschluss des Projektes wieder zu veräußern. Ein zusätzlicher Punkt, der abgeklärt werden müsste, wäre die Versicherung der Bücher während der Durchführung des Scannens. Da diese mittelalterlichen Handschriften wertvolle Unikate sind, sollte vor der Projektdurchführung auch abgeklärt werden, wie sich die Bücher vor etwaige Beschädigungen schützen lassen.

Für die weitere Planung der technischen Umsetzung wird angenommen, dass sich alle zehn Bücher (Buchcover + Buchseiten) für das automatische Digitalisieren mit dem ScanRobot eignen. (In der Realität wäre dies stark abhängig von dem Zustand der einzelnen Bücher, z.B. dem maximalen Öffnungswinkel, ohne es zu beschädigen oder der Seitendicke, dem Format, etc...)

---

1 http://www.monitor.co.at/index.cfm/storyid/8989_Nie_mehr_Umblaettern-Treventus_Erfolgsstory_mit_Scanroboter

Da diese mittelalterlichen Bücher als Handschriften vorliegen, ist nur ein bildliches Digitalisieren möglich – die Texte werden demzufolge als Bilder gespeichert.

Ausgabe der Digitalisierten Bücher

Der ScanRobot unterstützt eine Vielzahl an Ausgabeformaten[2], für die Digitalisierung der Buchseiten wird zunächst das PNG-Format (Portable Network Graphics) verwendet – da es eine verlustfreie Bildkompression verwendet. Die Webseite wird später die einzelnen Buchseiten in zwei Qualitätsstufen anbieten. Hierzu wird im Kapitel „Digitale Nachbearbeitung" Näheres erläutert.

Der ScanRobot bietet zwar die Möglichkeit, die digitalisierten Seiten automatisch zu einem PDF-Buch zusammenzufassen, dies wird aber aus folgenden Gründen abgelehnt. Erstens sollte die Möglichkeit bestehen, die einzelnen Grafiken der Buchseiten manuell nach zubearbeiten, zweitens ist es für die spätere Integration der Bücher in die Webseite nötig die einzelnen Seiten als Image-Dateien – neben den PDF-Büchern - zur Verfügung zu haben.

Während des Scan-Vorgangs muss natürlich sichergestellt sein, dass jede Seite korrekt – also ohne grobe Bildstörungen – eingescannt wird, besonders da bei älteren Büchern der Zustand der einzelnen Seiten stark variieren kann.

Dateiausgabe

Bei meiner Untersuchung ließ sich nicht recherchieren, in welcher Struktur genau der ScanRobot die einzelnen Bucherseiten ausgibt – für das Projekt wird angenommen, dass die Dateinamen einfach hochgezählt werden, also z.B.:

      00_image.png, 01_image.png, 02_image.png

Die einzelnen Seiten eines Buches werden jeweils in einem gesonderten Ordner abgespeichert.

---

2 http://www.treventus.com/products/scanrobotr-20-mds.html (siehe: **Storage formats**)

Nachbearbeitung und Konvertierung der Buchseiten mit Photoshop

Für das Projekt wird nur der ScanRobot von der Firma Treventus verwendet, auf die angebotene Software ScanGate wird verzichtet. Die Einarbeitungszeit für die Mitarbeiter aus der Grafikabteilung ist hier der Hauptgrund, neben den zusätzlichen Kosten, die durch den Kauf von ScanGate entstehen würden. Für das Projekt wird angenommen, dass die beauftragte Firma Personal zur Verfügung hat, das sich professionell mit Photoshop auskennt und die Firma auch entsprechende Lizenzen von Photoshop besitzt.

Ziel dieses Arbeitspaketes ist es, die digitalisierten Bilder auf ein einheitliches Farbschema und angemessene Kontraste zu überprüfen und ggf. zu korrigieren , sodass alle Bücher einheitlich sind.

Des weiteren sollten die einzelnen Buchseiten auf Bildstörungen, wie z.b. Unschärfe kontrolliert und nachbearbeitet werden.

Dieses Arbeitspaket hat eine starke Abhängigkeit zum Arbeitspaket „Digitalisierung der Bücher" - es startet bereits, wenn das erste Buch komplett digitalisiert worden ist. Zudem wird das Arbeitspaket „Digitalisierung der Bücher" erst abgeschlossen, wenn das letzte Buch nachbearbeitet ist– so wird die Möglichkeit erhalten notfalls eine Buchseite ein zweites Mal zu scannen, wenn bei der Nachbearbeitung festgestellt wird, dass die Qualität nicht dem gewünschtem Standard entspricht – z.B. durch Bildstörungen, die beim Scannen entstanden sind und sich nicht retuschieren lassen.

Ist die digitale Nachbearbeitung der Bücher abgeschlossen, wird die optimale Auflösung (bei 96dpi) der Image-Dateien je Buch bestimmt und als JPG-Datei in zwei Qualitätsstufen abgespeichert – 96dpi, da die Bilder nur für die Anzeige auf dem Bildschirm, und nicht zum Drucken, optimiert werden. Als Rahmenbediengung lässt sich jedoch nur die maximal Dateigröße definieren, da je nach Farbinformation der einzelnen Seiten und Format der Bücher (was im Mittelalter natürlich noch nicht standardisiert war) der Speicherverbrauch unterschiedlich ist.

Für die normalen „low-quality" Bilder sollte die Dateigröße je Seite nicht größer als 200 Kilobyte sein – für die „high-qualty" Bilder wird als Grenze zwei Megabyte gesetzt. Es sollte ein vernünftiges Verhältnis zwischen Auflösung und Kompressionsgrad gefunden werden, damit die Bilder nicht zu klein werden und die Quanitsierungsfehler die visuelle Wahrnehmung nicht zu stark beeinträchtigen.

Das Nachbearbeiten der Bilder kann man aller Voraussicht nach automatisieren, so muss man z.b. das Farbschema nur pro Buch korrigieren – auch die Auflösung und der Kompressionsfaktor der einzelnen JPG - Dateien muss nur einmal pro Buch und Qualitätsstufe festgelegt werden. Danach wird diese Konvertierung für alle Dateien per Makro[3] durchgeführt.

Images in PDF umwandeln

Nach erfolgreicher Digitalisierung werden die einzelnen Buchseiten zu einer PDF-Datei konvertiert. Für die PDF-Bücher wird es aber nur die „low quality"-Stufe geben, ansonsten würde die Größe der PDF-Datei jeden vernünftigen Rahmen sprengen. Zu dieser Einschätzung kommt man, wenn man von einer durchschnittlichen Seitenanzahl von 1000 Seiten je Buch ausgeht – hier würde sonst bei der „high-quality"-Stufe eine Dateigröße von zwei Gigabyte entstehen. Geht man von einer durchschnittlichen Dateigröße von 200KB pro Seite aus, ergeben diese immer noch eine Dateigröße von ca.200MB – was aber bei den heutigen durchschnittllichen Download-Geschwindigkeiten im Internet noch zu vertreten ist.

Zum Konvertieren der Image Dateien in eine PDF Datei wird ein beliebiges PDF-Konvertierungstools verwendet. Die einzige Anforderung, die das Programm erfüllen muss, besteht darin, die einzelnen Images nach dem Dateinamen zu sortieren, damit die Sortierung der Buchseiten nicht manuell erfolgen muss.

---

3 http://de.wikipedia.org/wiki/Makro

Präsentation

Funktionen der Webseite / Grundlegender Aufbau

Die Webseite soll über zwei grundlegende Funktionen verfügen. Zum einen wird es dem Webseiten-Besucher möglich sein, die einzelnen PDF-Bücher herunterzuladen und zum anderen über die Webseite einzelne Seiten eines Buches anzuschauen. Für die Umsetzung der Webseite wird das Framework Ruby on Rails verwendet.

Anmerkung - Absprache mit dem Grafen: Es wird angenommen, dass der Graf damit einverstanden ist, dass für die Medien auf der Webseite (PDF-Bücher, Images der einzelnen Seiten) kein digitaler Kopierschutz (DRM[4]) implementiert wird. Als Grund wurde seitens der mit dem Projekt beauftragten Firma angegeben, dass ein DRM-System erheblich die Benutzerfreundlichkeit einschränkt und zum anderen es selbst mit hohem Aufwand nicht möglich ist, digitale Medien hundertprozentig zu schützen. Es wurde mit dem Grafen vereinbart, dass lediglich ein rechtlicher Hinweis auf der Webseite darauf hinweist, dass die bereitgestellten Bücher nur zum privaten Gebrauch verwendet werden dürfen und eine gewerbliche Nutzung nur mit Genehmigung durch den Grafen (dem Webseiten-Betreiber) erfolgen darf – hierbei wird die Annahme gemacht, dass dies die „Gemeinnützigkeit der Webseite" nicht verletzt.

Des weiteren wurde mit dem Grafen vereinbart, dass sämtliche Medien (also alle PDF-Dateien und die Image-Dateien) nur über seine Webseite abrufbar sind und somit eine Fremdverlinkung unterbunden wird. Dies bezieht sich aber nur auf die Verlinkung, um zusätzlichen Traffic - welche nicht direkt von der Webseite kommt - auf dem Server zu unterbinden. Das Herunterladen der Medien soll - wie oben schon erwähnt - ja nicht unterbunden werden. Auf diesen Punkt wird bei der Server-Konfiguration noch genauer eingegangen.

---

4   http://de.wikipedia.org/wiki/Digitale_Rechteverwaltung

Der Grund für die Unterscheidung zwischen PDF-Dateien (Buch-Download) und Image-Dateien (einzelne Seite anzeigen) ist folgender. Eine Anforderung für das Projekt besteht darin, dass die Webseite die Bücher komfortabel präsentiert – daher bietet sich die Idee an, dass der Besucher auch die Möglichkeit hat, Material herunterzuladen. Für die Präsentation auf der Webseite ist es aber nötig, dass je Request nur eine Seite übertragen wird und nicht das gesamte Buch – die Webseite wird so realisiert, dass jeweils nur eine Seite angezeigt wird - sonst hätte der erste Request zu einem Buch ein extrem hohes Datenaufkommen. Daher werden die Buchseiten als einzelne Image-Dateien separat zur PDF-Datei abgespeichert – dies hat zwar zur Folge, dass serverseitig mehr Daten gespeichert werden müssen, bietet aber den Vorteil, dass die Implementierung leichter ist und ein Request schneller ausgeführt werden kann. Da ja, wenn nur die PDF-Dateien auf dem Server gespeichert werden, bei einem Request die PDF-Datei serverseitig geöffnet, die einzelne Seite extrahiert und an den Client geschickt werden müsste.

Funktionen/Struktur der Startseite

Die Startseite der Webseite ist relativ schlicht gehalten, hier werden dem Besucher die Buch-Cover angezeigt und im Menü werden Links auf die verschiedenen Webseiten-Bereiche angeboten, wobei die Buch-Cover in Form einer Picture-Slidebar präsentiert werden, welche per JavaScript ermöglicht zwischen den verfügbaren Büchern hin und herzuscrollen. Bei der Umsetzung ist zu beachten, dass die Bücher verschiedene Formate besitzen, daher sollten die Buch-Cover für die Slidebar auf eine einheitliche Höhe skaliert werden.

Klickt der Besucher auf ein Buch-Cover, wird er auf die entsprechende Buchseiten-Anzeige Seite weitergeleitet.

Allgemein gilt für die Webseite, dass sie sich an der Browser Auflösung orientiert und keine fest definierte Pixel-Breite besitzt.

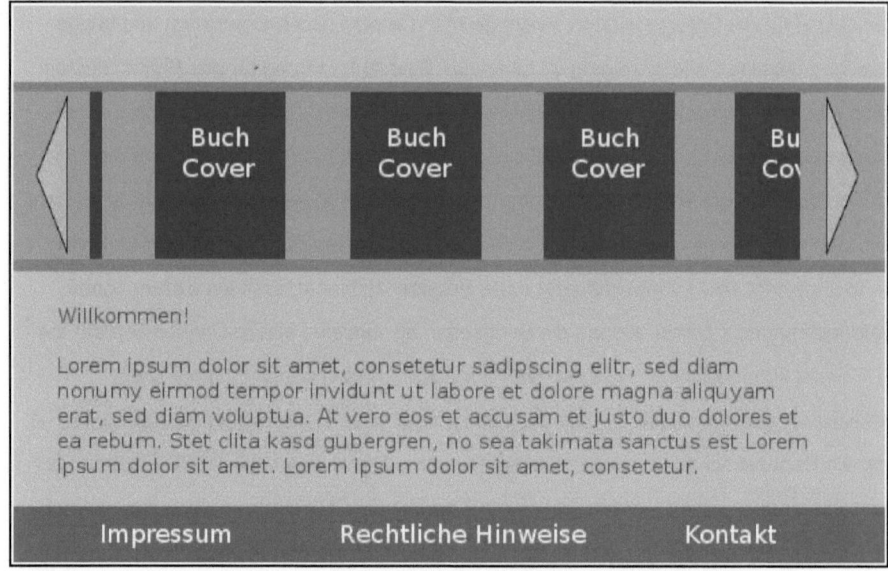

Anmerkung: Das Bild dient nur zu visuellen Veranschaulichung der Seitenstruktur.

Buch Seite anzeigen – Definition der Funktionen

Dieser Bereich der Webseite präsentiert die einzelnen Buchseiten, wobei im oberem Bereich die Image-Datei angezeigt wird und unten ein Menü mit verschiedenen Funktionen, sowie zusätzliche Informationen zum Buch, z.B. aus welchem Jahrhundert es stammt.

Wie im Kapitel „digitale Nachbearbeitung" bereits erwähnt, werden die Bilder in zwei Qualitätsstufen angeboten – standardmäßig wird zuerst das „low-quality" Bild geladen. Der Webseiten-Besucher kann aber im Menü die gewünschte Qualitätsstufe einstellen – diese Einstellung wird lokal in einem Cookie gespeichert. Damit bei einem erneuten Request, z.B. um die nächste Seite anzuzeigen, die Einstellung aktiviert bleibt.
Beim Laden der Seite wird die Image-Breite – sofern sie größer ist als der verfügbare Bereich im Browser – herunter skaliert, sodass die gesamte Breite der Buchseite sichtbar ist.

Der Besucher kann über das Menü in die Buch-Seite herein zoomen, bzw. wieder heraus zoomen. Wobei beim Vergrößern das Bild maximal mit seiner tatsächlichen Auflösung angezeigt wird – beim Verkleinern wird das Bild solange verkleinert, bis die Seite vollständig im Browser angezeigt werden kann, ohne dass der Besucher der Webseite scrollen muss.

Des Weiteren kann der Webseiten-Besucher über das Menü jeweils eine Seite vor- oder zurückblättern und die aktuelle Seite als Bild oder das komplette Buch als PDF-Datei herunterladen.

Der Zugriff auf die einzelnen Seiten wird über ein HTML-Request an die Web-Applikation übermittelt, die einzelnen Seiten werden nicht über Ajax nachgeladen. Das direkte Verbinden der einzelnen Seiten über eine URL hat den Vorteil, dass der Besucher sich im Browser ein Lesezeichen setzten kann. Des Weiteren würde ein Ajax-Request keine große Einsparung an der Datenmenge bringen, da die Image-Datei den größten Teil der Gesamt-Datenmenge ausmacht.

Die Webseite bietet dem Besucher aber auch an, ein sich automatisch aktualisierendes Lesezeichen zu setzten. Markiert der Besucher die entsprechende Check-Box, wird eine Cookie-Datei erstellt, welche je Request per JavaScript aktualisiert wird. Gespeichert wird, auf welche Bücher er zugegriffen hat und welche Buchseite der einzelnen Bücher zuletzt angezeigt wurde. Beim Laden der Startseite wird per JavaScript dieses Cookie ausgelesen und die Verlinkung der Buch-Cover auf die entsprechende zuletzt geöffnete Buchseite angepasst.

Impressum + rechtliche Hinweise + Kontakt

Für die Webseite ist abzuklären, ob ein Impressum rechtlich vorgeschrieben ist, hierzu wird eine Anwaltskanzlei beauftragt. Neben der Festlegung des Inhaltes des Impressums wird diese Kanzlei beauftragt, eine Klausel für die Nutzung der bereitgestellten Medien zu definieren, dass diese nur für den privaten Gebrauch bereitgestellt werden. Diese Klausel wird nach Absprache mit der Kanzlei so auf der Webseite präsentiert, dass sie juristisch auch Bestand hat.

Unabhängig, ob das Impressum nun in die Seite integriert werden muss, wird eine Kontakt-Seite implementiert. Hier wird ein E-Mail Formular zur Kontaktaufnahme mit dem Webseiten-Betreiber angeboten.

Caching der HTML-Seiten

Die einzelnen HTML-Seiten der Web-Applikation sind zwar dynamisch programmiert, werden aber serverseitig gecacht, d.h. eine HTML Seite wird einmal von Ruby on Rails kompiliert und dann im Caching-Verzeichnis gespeichert.

Daher wird die Performance der Webseite ähnlich wie die einer statischen sein – der Rails Prozess wird bei vorliegender statischer HTML Seite nicht durchlaufen – einzig der Routing Prozess bleibt immer aktiv. Die dynamische Version hat den Vorteil, dass nur einmal ein Template für die Hauptseite und der Buchseiten-Anzeige-Seite programmiert werden muss – das Einbinden der verschiedenen Inhalte läuft dann automatisiert ab.

Einpflegen der Dateninhalte / Datenbank

Da sich die Dateninhalte der Webseite nicht – oder nur selten – ändern, wird auf eine Administrator Oberfläche verzichtet. Die Dateneinpflege in die Web-Applikation wird über PHPmyAdmin vorgenommen. Zu beachten ist hier, dass wenn Texte der Webseite verändert werden, die entsprechende statische HTML-Seite im Caching-Verzeichnis manuell gelöscht werden muss.

Inhalt der Datenbank sind folgende Informationen:

Tabelle Books

- -Titel
- -Informationstext zum Buch
- -Verzeichnis der Mediendaten des Buches
- -PDF-Dateiname
- -Bild-Dateiname

  Wobei die Web-Applikation davon ausgeht, dass sich die Bilder der zwei Qualitätsstufen jeweils im Order ../low und ../high innerhalb des Mediendaten-Verzeichnisses befinden. Die Seitenanzahl der einzelnen Bücher ergibt sich aus der Anzahl der Image-Dateien in einem der beiden Verzeichnisse.

Server Konfiguration

Auf dem Web-Server wird eine Ubuntu-Server Version als LAMP (Linux Apache MySQL PHP) installiert und um Ruby on Rails erweitert.

Auf die genaue Installation wird hier nicht eingegangen, einzig die Konfiugration der .htaccess Datei wird beschrieben.

Medien-Dateien vor Fremdverlinkung schützen

Wie im Kapitel „Funktionen der Webseite / Grundlegender Aufbau" beschrieben, sollen die Image-Dateien und die PDF-Dateien vor Fremdverlinkung geschützt werden – dies lässt sich am einfachsten mithilfe eines Apache-Servers erreichen, dafür wird bei der Server-Konfiguration die .htaccess-Datei des Apache-Servers angepasst.

Zum einen wird das Modul „mode_rewrite" aktiviert. Dadurch kann man Regeln für eingehende URL-Requests definieren – alle eingehenden Requests werden geparst und es wird überprüft, ob der Request von der Domain der Web-Applikation stammt.

Ist dies nicht der Fall wird ein „Ersatz"- Bild (z.B. in Form eines roten Kreuzes) zurückgesendet oder auf ein falschen Dateinamen verwiesen, dann gibt es auf der anderen Seite nur ein „not found".

Dies hat zwar den Nachteil, dass zwei Server (Webrick und Apache) installiert werden müssen, löst aber das Problem der Fremdverlinkung auf einfache Art und Weise.

Registrierung der Domain

Für die Webseite muss eine .de-Domain über den Provider bei DENIC registriert werden, im Normalfall kümmert sich der Provider um das DNS (Domain Name System) – ansonsten müsse man neben dem Web-Server noch einen DNS-Server implementieren.

2. Aufwandsschätzung

1. Digitalisierung der zehn Bücher

Der ScanRobot schafft lauf Herstellerwebseite einen Seitendurchsatz von 1.000 Seiten pro Stunde (im halbautomatischem Modus).

Es wird aber darauf hingewiesen, dass die wirkliche Anzahl der Seiten stark vom Zustand des Buches abhängt, daher wird auch nur der halbautomatische Modus berücksichtigt (vollautomatisch 2.500 Seiten/h)

Zudem wird hier eine relativ große Pufferzeit eingeplant.

Bei den Büchern wird von einer durchschnittlichen Seitenanzahl von 1000 Seiten pro Buch ausgegangen.

10.000 Seiten + 10 Buchumschläge sind zu digitalisieren, wobei die Buchumschläge bei der Rechnung weggelassen werden.

Der Arbeitsaufwand würde demzufolge 10 Stunden betragen + 50% Pufferzeit ergeben: 15 Stunden für die Digitalisierung.

Da der Scanvorgang durch eigenes Personal durchgeführt wird, muss hierzu natürlich noch eine Einarbeitungszeit mit eingeplant werden.

Diese ist auch großzügig mit einem Personaltag (7h) eingeplant.

Des weiteren muss jede Seite eines Buches auf korrekte Qualität überprüft werden, bevor es zum nächsten Arbeitspaket weitergeleitet wird.

10.000 Seiten auf Qualität überprüfen, bei geschätzten 20   Seiten/Minute:

- Ergeben 8 Stunden (nur Kontrolle)
- Es wird mit einer Fehlerquote von 0,5% gerechnet:
  500 Seiten manuell neu scannen: 100 Seiten/Stunde: 5 Stunden

Arbeitsaufwand Digitalisierung: 10+15+7+8+5: 45 Stunden

Das Arbeitspaket ist stark abhängig von:

ScanRobot bei Treventus bestellen

Hier liegt das größe Risiko – verzögert sich die Lieferzeit oder kommt es gar nicht zur Lieferung, kippt das Projekt. Daher sollte beim Risikomanagement nach möglichen Gegenstrategien gesucht werden, z.B. weiteren Bezugsquellen. Die Aufwandsschätzung beginnt aber erst zu dem Zeitpunkt, an dem der Scanner betriebsbereit innerhalb des Schlosses aufgebaut ist, da sich ohne genauere Angaben des Herstellers nicht abschätzen lässt, wie lange die Lieferzeit wirklich beträgt.

2. Digitale Nachbearbeitung der Bilder

Zu jedem Buch muss zum einen evtl. Farbschema/Kontrast/Schärfe/etc. angepasst werden und eine optimale Auflösung gefunden werden.

Danach muss ein Makro in Photoshop erstellt werden, welches dann alle Bilddaten eines Buches durchläuft und jeweils zwei verschieden aufgelöste Bilder abspeichert . Zusätzlich sollte nochmals eine grobe Überprüfung der einzelnen Seiten auf ihre Qualität stattfinden

Bildkorrektur, Auflösung, Makro: 10 * 30 Minuten: 5 Stunden

Abhängig von:

Digitalisation der Bücher

Das Arbeitspaket kann erst starten, wenn das erste Buch digitalisiert wurde. Beide Arbeitspakete enden gemeinsam. Die Digitalisierung kann erst beendet werden, wenn sichergestellt ist, dass keine Seite mehr nachgescannt werden muss.

3. PDF-Datei erstellen

Bei diesem Arbeitsschritt muss ein Ruby-Skript geschrieben werden, das automatisch die Bilddaten der „lower-quality"-Stufe zu einer PDF-Datei konvertiert.

Implementierung + Testen + automatisches Konvertieren der Daten:

ca. 2 Personentage

Arbeitsaufwand: ca. 14 Stunden

Abhängig von:

Digitalisation der Bücher

Nur bedingt abhängig von der Digitalisierung, da die Hauptarbeit – das Implementieren und Testen - schon gleich zum Projektstart begonnen werden kann.

4. Webseite programmieren - Frontend

Im Frontend gibt es mehre Teil-Arbeitspakete, die sich unabhängig voneinander durchführen lassen

– dynamische HTML Seiten programmieren

   Start-, Impressum-, Kontakt- und Buchanzeige-Seite

   + statische Texte einbinden

   + E-Mail Kontaktformular programmieren

   + dynamische Texte (Buch Informationen) einbinden

   ca. 2 Personentage

– JavaScript Funktionen

   Zoomen der Bilder, Auto. Lesezeichen, Picture-Slidebar

   ca. 4 Personentage

– Seiten-Layout (CSS) definieren

   ca. 2 Personentage

Den größten Aufwand liefern hier die JavaScript Funktionen, nachdem diese abgeschlossen sind, kommt eine Test-Phase für das Frontend. Hierzu werden erstmal nur „Buch-Dummies" in die Webseite eingebettet und diese auf vollständige Korrektheit überprüft.

<u>Arbeitsaufwand: 14 Stunden</u>

5. Webseite programmieren - Backend

Im Backend halten sich die Arbeitspakete – dank Ruby on Rails, relativ klein:
Der Zugriff auf die Bilddateien und PDF-Dateien läuft automatisch über das Routing von Ruby on Rails ab – einzig die Datenbankinformationen müssen über ein Model dem View bekannt gegeben werden. Hierfür müssen die von Ruby on Rails automatisch erzeugten Aktions nur leicht erweitert werden. Für das Kontaktformular wird das Modul Action Mailer von Ruby on Rails verwendet.

- DB Migrationsdatei anlegen und testen: 2 Stunden
- Controller und Aktion Struktur erzeugen + anpassen: 2 Stunden
- Implementierung des Action Mailer Moduls: 4 Stunden

<u>Arbeitsaufwand: 8 Stunden</u>

6. Server Installation

Bei diesem Arbeitspaket wird der Server eingerichet und die Web-Applikation eingespeist.
Auf die Konfiguration des Server wird im 3. Kapitel eingegangen. Da das Installieren
von Software und deren Konfiguration sehr zeitaufwendig ist, wird mit einem
Aufwand von 3 Personentagen gerechnet.

Arbeitsaufwand: 21 Stunden

Abhängigkeiten:

Das Arbeitspaket kann unabhängig von den anderen Arbeitspaketen starten, einzig
das Einbinden der Web-Applikation kann natürlich erst starten, wenn diese fertig
umgesetzt ist.

7. Auslieferung des Projektes

Abschließend wird der Server beim Grafen im Schloss angeschlossen und in Betrieb
genommen. Die Konzeption des Netzwerkes (3. Kapitel) wird als eigenständiges
Projekt angesehen, darum wird nur noch das Registrieren der Domain über den
Provider mit berücksichtigt.

Auslieferung, Inbetriebnahme und Domain registrieren: 3 Personentage

Arbeitsaufwand: 21 Stunden

Gesamtaufwand des Projektes:

<u>Arbeitsstunden</u>

Digitalisierung	45 Stunden
Nachbearbeiten	5 Stunden
PDF-Konvertierung	14 Stunden
Frontend	14 Stunden
Backend	8 Stunden
Installation	21 Stunden
<u>Auslieferung</u>	<u>21 Stunden</u>
Gesamt:	128 Stunden

<u>Tatsächliche Dauer</u>

Da die meisten Arbeitspakete parallel starten können, ergibt sich nachfolgende tatsächliche Dauer.

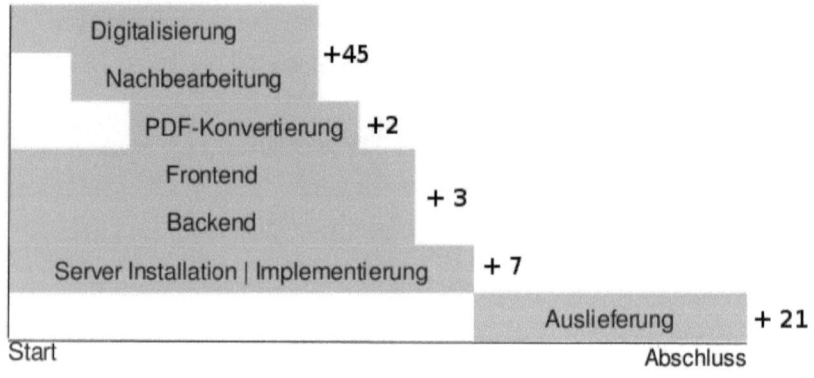

78 Stunden + 30% Pufferzeit (ca. 100 Stunden)

<u>Für das Projekt kann eine Gesamtdauer von 3 Wochen veranschlagt werden.</u>

3. Konzeption des Netzwerkes im Schloss

Rahmenbedingungen

Es wird angenommen, dass die Internet-Anbindungen aus den folgenden zwei Typen
bestehen:

- einer normalen Anbindung mit dynamischer IP-Adresse

  [für: Open-Network]
- einer Standleitung mit fester IP-Adresse

  [für: Web-Server]

Fragestellung: Was ist zu beachten?

Aus den Anforderungen ergibt sich die Sachlage, dass für die Realisierung des
Netzwerkes verschiedene Sicherheitsvorkehrungen getroffen werden müssen.

So soll z.B. die Webseite vom Internet aus erreichbar sein – im Gegensatz zu den
sicherheitsrelevanten Komponenten, wie die Überwachungskameras oder die
Personalabrechnungssoftware. Da mehrere Server vorhanden sind, wird das Netzwerk in
verschiedene, zum Teil unabhängige Netzwerke eingeteilt. Auf den virtuellen Ansatz, also
verschiedene Server virtuell auf einem Server zu betreiben, wird verzichtet (Da genug
Server zur Verfügung stehen und die Lösung einfach umzusetzen und vor allem sicher
sein sollte).

Umsetzung / Konzeption der Netzwerke

Der grobe Aufbau der Netzwerke wird im folgenden Bild grob skizziert:

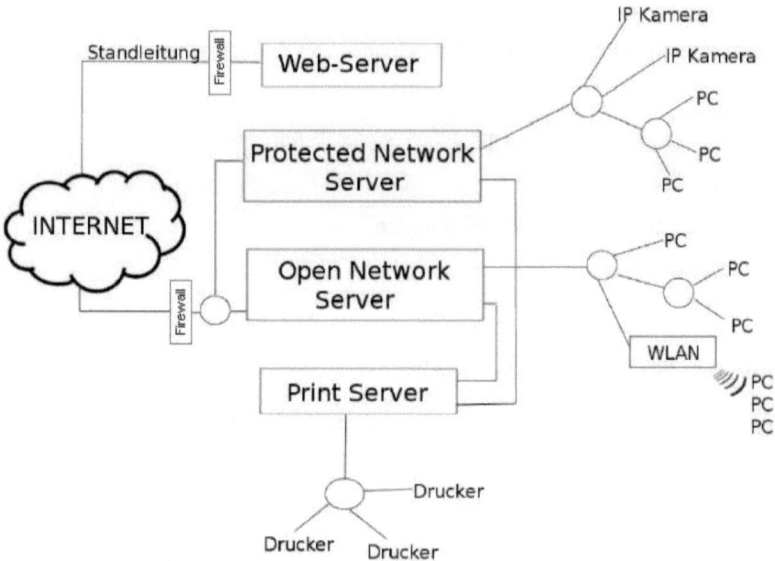

<u>Webserver</u>

- Auf dem Server läuft allein die Webseite für die Präsentation der zehn
  mittelalterlichen Bücher
- Als Betriebssystem wird Ubuntu-Server verwendet.
- An die Hardware-Ausstattung gibt es keine besonderen Anforderungen, diese
  sind eher gering, da ja nur eine Web-Applikation über diesen Server läuft. Daher
  wird davon ausgegangen, dass einer der gegebenen „topaktuellen Server" den
  Anforderungen entspricht, um als Web-Server zu dienen.
- Auf ein Parallelbetrieb mehrerer Server zur Lastenverteilung wird verzichtet, da
  sich die Besucherzahl auf der Webseite im Rahmen halten wird.

Wie in der Grafik ersichtlich, ist dieser Server über einer festen IP mit dem Internet-Verbunden – er läuft komplett abgekapselt von den restlichen Netzwerken.

Die Konfiguration, Wartung des Servers/der Web-Applikation wird also nur lokal am Server erfolgen.

Software-Ausstattung

- Ubuntu-Server Typ LAMP (Linux Apache MySQL Php Server)
- PHPmyAdmin
- RubyOnRails

    Ruby

    RubyGems

    RubyOnRails

    WEBrick

Port Konfiguration:

Da auf diesem Server nur die Web-Applikation läuft und diese keine Verschlüsselung (HTTPS) benötigt, wird einzig der Port 80 offen gelassen – alle anderen eingehenden Ports werden geschlossen.

Firewall / DMZ

Die Firewall dient dazu, abnormales Verhalten bei Request zu erkennen und dagegen vorzugehen. Werden z.B. mehrere Request von einem Client in einem zu kurzen Abstand abgesendet lässt die Firewall nur den ersten Request durch.

Benutzer auf dem Ubuntu-Server

Auf dem Ubuntu System werden zwei Benutzer angelegt.

1x   Root-Benutzer: Installation, Konfiguration von Systemeinstellungen

1x   Benutzer mit eingeschränkten Rechten - für „normalen" Login auf dem   Server.

1x   „Web-Server" Benutzer – hat nur die Rechte, welche von der Web-Applikation benötigt werden (Welche über diesem Benutzerkonto läuft). z.B. Datenbankzugriff, Zugriff auf den Medien-Ordner (wo die PDF-Bücher gespeichert sind).

Protected - Network

Innerhalb dieses Netzwerks werden alle Netzwerk-Komponenten verwaltet, welche ein hohes Maß an Sicherheitsanforderungen mitbringen.

Bei diesem Netzwerk sind alle eingehenden Ports geschlossen – je nachdem welche Ports die einzelnen im Komponenten für die Kommunikation nach außen benötigen, werden diese geöffnet. Die ausgehenden Ports sind aber nur zweitrangig, da bei der Verwendung dieses Netzwerkes natürlich ein hoher Sicherheitsstandart gelten sollte, um zu vermeiden, dass sich intern Schadsoftware einschleicht.

An dieses Netzwerk sind folgende Komponenten (n-PCs) angeschlossen: Bibliotheksverwaltung, Personalabrechnung, Sicherheit/Überwachung

Verbindung mit dem Print-Server
Einzig die Personalabrechnungssoftware benötigt eine Verbindung zum Print-Server, z.B. um Lohnabrechnungen zu drucken.

Open - Network

Dieses Netzwerk dient zum normalem Surfen im Internet – auch dieses wird natürlich durch eine Firewall geschützt. Es ist aber vom Protectet-Network abgetrennt, da es hier schneller zu einer Infizierung eines PCs mit einer Schadsoftware kommen kann.

Das an diesem Netzwerk angeschlossene W-LAN wird natürlich über eine Authentifizierung/Verschlüsselung verfügen.

Print - Server

Alle Drucker, die über die beiden Netzwerke „Open Network" und „Protected Network" erreichbar sein sollen, werden über den Print-Server angeschlossen.
Der Print-Server wird so konfiguriert, dass nur Computer aus den Netzwerken „Open Network" und „Protected Network" Zugriff haben.